思考世界的少年

和孩子聊聊社会

张薇薇◎著

中国妇女出版社

图书在版编目（CIP）数据

和孩子聊聊社会 / 张薇薇著. -- 北京 ：中国妇女出版社，2023.2（2023.4重印）
（思考世界的少年）
ISBN 978-7-5127-2182-1

Ⅰ.①和… Ⅱ.①张… Ⅲ.①社会问题－世界－青少年读物 Ⅳ.①D58-49

中国版本图书馆CIP数据核字（2022）第187291号

选题策划：赵 曼
责任编辑：赵 曼
插　　画：谢 意
封面设计：末末美书
责任印制：李志国

出版发行：中国妇女出版社
地　　址：北京市东城区史家胡同甲24号　　邮政编码：100010
电　　话：（010）65133160（发行部）　　65133161（邮购）
网　　址：www.womenbooks.cn
邮　　箱：zgfncbs@womenbooks.cn
法律顾问：北京市道可特律师事务所
经　　销：各地新华书店
印　　刷：三河市祥达印刷包装有限公司

开　　本：150mm×215mm　1/16
印　　张：11.25
字　　数：100千字
版　　次：2023年2月第1版　　2023年4月第2次印刷
定　　价：58.00元

如有印装错误，请与发行部联系

序言

2018年，港珠澳大桥通车。我家老大当时4岁多，听我和他爸爸聊起这座揽获太多“世界之最”的跨海大桥时，非常好奇。于是，我用他能懂的大白话，详细描述了港珠澳大桥的过人之处，还找来视频，一起看了大桥合龙及相关的科普知识。接着我们一起看地图，探讨了修建大桥的意义。娃虽然一知半解，但兴趣盎然。

从那以后，我会主动留心各类新闻信息，一有合适的就讲给他听。而孩子的反应和思考也常常会让我惊喜。现在，哥哥快9岁了，弟弟5岁，聊新闻已成为我们家经常做的事。他们的知识储备和思考力在一次次沟通中慢慢积累，眼界也逐步拓宽。

从2020年起，我开始在公众号上不定期地给孩子们讲新闻。有合适的新闻事件，我会第一时间录讲解音频，从现象到本质地梳理新闻事件所涵盖的方方面面，进行深刻的分析和思辨引导，以带给孩子一定的启发。无数孩子通过我的讲解看到了社会的不同面，了解国家、了解世界的同时不断思考。

这套书从策划伊始，目标就很明确——选取合适的事件、现象或知识点，帮助孩子了解世界、思考世界。

孩子天生对万事万物感到好奇，而成年人要做的，就是让他们知其然，也知其所以然。

为什么总能听到“两个一百年”的说法？具体指的是什么？与我们有什么关系？

为什么我们国家要实行“双减”政策？

《民法典》的颁布意味着什么？

为什么北京要举办两次奥运会？

为什么中国空间站万众瞩目？

为什么西双版纳的大象要“离家出走”？

大家都在说的“双碳”到底是什么？

互联网医疗是怎样帮助我们的？

为什么中国是世界上最大的无现金支付国家？

为什么中国气象站要架设到珠穆朗玛峰上？

中国航天员在天上要做哪些工作？

……

诸如此类的话题，我都甄选到这套书中，并一条条给孩子细细拆解。为了确保信息的可靠度和严谨性，无论新闻来源，还是相关知识点，均来自人民网、新华网、光明网、央视网、澎湃新闻等权威媒体，以及中国教育新闻网、工信部等政府相关部门网站。

从时事政治到全球经济，从生态保护到社会生活、科技发展，这套书从 5 个角度，一共选取 50 个新闻事件分析解读，可以帮助孩子更深层次地认知世界，看到社会运转的关联性及本质。让孩子清楚地知道当下发生的事，明白自己身处于怎样的世界，个人的行为对社会有什么影响，日新月异的科技将为我们带来哪些改变……

写作这套书，是为了帮助孩子更好地思考。当今社会充斥着各种各样的信息，而孩子天性好奇而敏锐，迟早会陆续接触到各种小道消息和八卦新闻，可能会在纷杂的信息中迷失方向。而从小接触新闻解读的孩子，会拥有更高级的精神世界和更独立的思考力。随着成长，他们逐渐学会明辨是非，不被谣言蛊惑，也会更好地认知世界、认知自我。

另外，读新闻、分析新闻、积累新闻素材的必要性，也体现在历年的中考、高考里。

一些新闻事件背后有深远含义，也涵盖了大量知识。这些内容会大大充盈孩子的写作素材库。积攒的东西多了，写作文时才能随取随用。如果仅仅积累而不思考的话，就会流于表面，无法自如运用。

很多人觉得，孩子太小，听不懂新闻。所以，选取合适的话题，用孩子能理解的大白话，把看似高深的知识讲清楚，非常考验大人的功力。为了让孩子理解透彻和有效思考，我录制了配套的音频课。孩子可以在阅读时同步听讲解，也可以在碎片时间直接听音频。

希望无论是孩子还是大人，都能在思考中前进。

张薇薇

阅读指导

在信息化时代，我们应该怎样读新闻

在当下这个信息爆炸的时代，每个人随时随地都能刷到各种消息，但并不是所有的消息都是真实的。我们经常在听到一则消息后不久，就会听到相关的辟谣；新闻事件也总会发生接二连三的反转。面对汹涌而来的信息，怎样独立思考、辨别真假，是生活在网络信息时代的我们必备的一项能力。

我们该怎样擦亮双眼，识别假新闻？

假新闻产生的原因

有的孩子可能会问，为什么有人会编造假新闻？这对他们有什么好处呢？编造假新闻的原因其实有很多。

比如，很多人编造假新闻，只是想获得更多人的关注，吸引更多“粉丝”，从而满足自己的虚荣心。

还有些人这么做是为了赚钱。因为假新闻往往会博人眼球，引起很多人的点击与关注。

如何识别假新闻

首先，要警惕“标题党”！所谓“标题党”，就是文章标题和内容不符或者偷换概念。“标题党”为博读者的眼球不惜歪曲事实，想尽办法取一些夸张、惊悚的标题，比如：“震惊！不知道这些你会后悔终生！”这么做就是为了引起你的好奇心，让你忍不住点进去一看究竟。但是，真正的新闻标题应该传递事实本身，而不只是为了博人眼球。

其次，一定要看它的信息来源。问问自己：这则新闻的来源是哪里？是谁发布了这则新闻？如今处于网络时代，所有人都可以发声，如果别人说什么你就信什么，那就大错特错了。

即使是有来源的信息，信源的可靠程度也不一样。一般来说，主流权威媒体的可信度要高于自媒体。

在我国，主流权威媒体包括中央级别的媒体，如新华社、人民日报社。地方媒体，如《北京青年报》、澎湃新闻、《南方都市报》等。这些权威媒体发布的消息相对来说更准确，因为权威媒体有一套明确的新闻操作规范，从记者采访到校对审核、总编签发，这套流程能最大程度避免假新闻。

当我们对一则新闻产生疑问时，不妨交叉验证一下，去找找是否还有其他媒体报道了这件事情？有没有更权威的消息来源？

比如，为了求证“新冠病毒能治疗癌症”的说法是否属实，我们可以搜索关键词“新冠病毒”“癌症”，会发现网上有大量相关文章，其中一篇文章的标题是《新冠病毒“治愈”癌症：这不是医学奇迹，也不值得推广》。读了这篇文章后你就会知道，目前学者对肿瘤消退的原因只是进行了猜测，并没有实验和数据证明新冠病毒真的能杀死癌细胞。

这篇文章的特约作者是第三军医大学的一名硕士，并且由北京大学基础医学院的一名博士后审稿。文章还列举了文中事实数据的参考文献和来源，以及发布平台的编辑、校对人员名单。所以，相比一些没有事实根据的文章，这样的文章更可信。

再次，要学会区分观点与事实。事实是通过证据可以证明的事情或概念，而观点是某人对某事的想法或感觉。

比如“香蕉是黄色的”，这是客观存在的事实；而“香蕉很好吃”，就是带有个人偏好的观点。

最后，要知道“眼见不一定为实”。现在，网上的很多图片都是经过图片编辑软件处理的。不仅图片如此，视频也能造假。

希望读者读完这套书后会有一些转变：看到一则新闻的时候，不会轻易相信并随手转发，而是思考一下，这则新闻是谁发布的，是否可信，逻辑上有没有问题，我要不要去复核一下。始终带着独立思考和质疑精神，全面分析，不断章取义。如果能做到以上几点，那么恭喜你！你已经在鉴别假新闻的道路上迈出了重要的第一步。

THINKING

目录

- 杂交水稻
- 粮食安全
- 温饱问题

THINKING

为什么说
袁隆平解决了
14 亿中国人
吃饱吃好的
问题？

米饭是中国人的主要食物。截至 2022 年，中国依然是世界上人口最多的国家。这么多人都要吃饭，而我们的主食米饭就来自于水稻。可能你并不知道的是，中国没有足够多用于耕种水稻的土地。

中国地大物博，怎么可能连耕地都不够呢？其实中国的耕地面积并不少，占世界的 7%，可是中国人口却约占世界人口的 18%。7% 的耕地要养活 18% 的人口，应该怎么办呢？最好的办法，就是让有限的土地长出更多的粮食。但这说起来简单，实现起来简直难于上青天。

别看现在大米市场供应充足，几乎人人吃得上，但在几十年前，可完全不是这样。以前很多老百姓吃不饱饭，最困难时只能啃树皮、吃泥土充饥。那种艰苦，是如今的孩子完全想象不出来的。

虽然后来国家采取了很多措施，让人们的生活慢慢好起来，可是粮食安全问题一直是我国的一大难题。其实不仅仅是中国，世界其他很多国家也同样面临这个问题。世界上的很多科学家为了解决粮食不足的问题而孜孜不倦地努力着。

袁隆平的“杂交水稻之梦”

中国有这样一位科学家，从年轻时开始，就立志要研究出让水稻在有限的土地上，大大提高产量的方法。他的名字叫袁隆平。

1949 年夏，19 岁的袁隆平高中毕业后，父亲打算让他学习理工科或医学，但袁隆平却有自己的想法，他说：“我想当一个农业科学家。”他毅然报考了西南农学院（今西南大学）。因为他的梦想就是让更多人吃得上饭、吃得起饭，也吃得饱饭。

在当时一穷二白的新中国，实现这个梦想实在是太难了。1949 年，新中国成立的时候，我国水稻的平均亩产量为 126 公斤，而且长期徘徊在这一水平。尽管后来水稻品种经历了由高秆到矮秆的变革，亩产量也由 126 公斤提升到 250 公斤左右，但是这样的产量，对于人口众多的中国来说，远远满足不了当时的需求。

但是袁隆平没有放弃自己的梦想，他毕业后一直在进行提高水稻产量的研究，不论风吹日晒，日复一日地在试验田间进行各种尝试。终于，在 1960 年的时候，袁隆平意外发现了一株特殊性状的水稻，和以往的水稻不一样。于是，他有了一个想法：可以采用

杂交水稻的方法，提高水稻的产量。

对水稻进行杂交的做法，虽然1920年的时候就有美国科学家提出来，当时他们用两种不同性状的玉米的雌花和雄花相互授粉，培育出个头又大、玉米粒排列又整齐的杂交玉米，后来还培育了不容易倒地、麦穗大的高产小麦。但是，相较玉米，小麦和水稻的杂交技术太难了，美国的科学家用了20多年，经历了3万多次试验，才得到优质的小麦。以当时中国的技术条件，国际水稻学专家都不相信中国能够研发出杂交水稻。

袁隆平没有被困难吓住，他拜访专家，阅读大量外文资料，研究国外的成功案例，努力朝着这个方向前进。他坚信："外国人成功不了，不代表我们中国人不行！"

抱着这样的信念，他每天在田间观察劳作，因为赤脚下田，经常被虫子、蚂蟥叮咬，还患了肠胃病。

在研究的过程中，他经历了很多次失败。比如，杂交水稻的产量反而比普通常规水稻降低了，而稻草量却增长了；好不容易实验成功，种出了亩产更高的水稻，结果这批水稻的第二代却长不高，稻穗也不饱满；解决了前面的问题，结果水稻因为品种和基因问题，全部生病了，颗粒无收……

这些困难没有打倒袁隆平，最终他的实验成功了！

1974年，袁隆平带领团队成功研制出第一种可大规模推广的杂交水稻，产量比普通水稻高20%。到了1988年，全国已经有40%的稻田都种上了杂交水稻，水稻产量迅速上升，解决了几千年来伴随中国百姓的温饱问题。

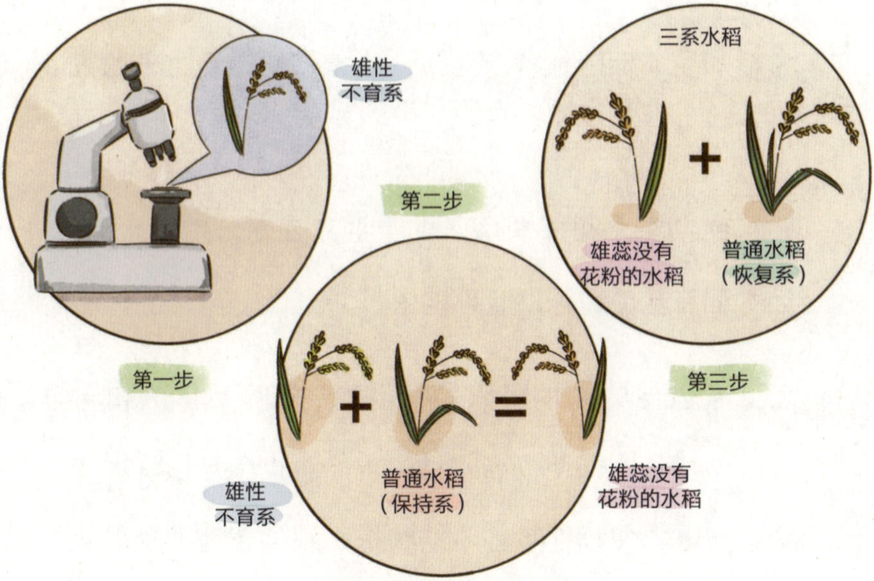

杂交水稻三系法

科技改变粮食短缺问题

杂交水稻推广种植后，中国每年的水稻增量可以多养活 7000 万人（2009 年的估算数据）。不仅如此，袁隆平还把种植杂交水稻的科学技术带到了非洲，大大增加了非洲的粮食产量，让当地饱受饥饿之苦的人们能吃上饭。

继杂交水稻成功后，袁隆平又开始研发海水稻，让水稻在盐碱地里也能种植生长。

全世界的耕地面积是有限的，而全球的人口还在不断增长，即使提高水稻的亩产量也不足以解决问题。所以，怎样在过去不能种植水稻的土地上种出水稻，这一研究的意义非同凡响。

经历了多次失败，袁隆平带领的团队终于有了突破，他们把海水稻的种植技术运用在沙漠里。一直到 2021 年，91 岁高龄的袁隆平还奋斗在海水稻研究第一线。他在三亚的水稻试验田中和科研人员同吃同住，从来没有停下学习和研究的脚步。

在袁隆平和他带领的团队的努力下，中国的水稻产量从20世纪60年代的亩产400公斤，到现在亩产1000公斤，而且正在向1500公斤突破，这实在是一个了不起的成果!

民以食为天，食以稻为先，我国65%以上的人口以稻米为主食。袁隆平培育的杂交水稻让14亿中国人有饭吃。袁隆平也因此被国家授予“共和国勋章”。这个奖章就是颁发给那些对中国乃至世界发展作出卓越贡献的人。

除此之外，他还在1981年获得我国第一个特等发明奖，2001年获得首届国家最高科技奖，2014年获得国家科技进步特等奖……有媒体统计，袁隆平共获得国内与国际大奖多达67项。

可是对于袁隆平来说，这些光环并没那么重要。领奖台下的袁隆平，穿着最普通的几十元钱一件的衣服，开着最普通的车，住着距离试验田2公里远的单位房，大部分时间依旧泡在烈日下的农田里。他无数次强调："其实我就是一个在田里种了一辈子稻子的农民！"他还常说："我不在家就在试验田，不在试验田，就在去试验田的路上。"所以，无论播种季还是收获季，人们看到的他，总是挽着裤腿下稻田的形象，十足是个常年耕种的老农。

在他 90 岁生日的时候，这位笑称自己正式从"80 后"成为"90 后"的老人，在生日会上许愿说："(第三代杂交水稻双季）亩产 3000 斤，要早日实现！"如他所愿，就在当年，湖南衡南基地冲击双季稻亩产纪录成功，第三代杂交稻双季亩产达 1530.76 公斤。他的 90 岁生日愿望实现了！

2021 年 5 月 22 日，91 岁的袁隆平老爷爷去世了。那一天，全国人民都无比悲伤，为失去一位改变世界的科学家而哀悼。

“粮食安全”任重道远

虽然袁隆平老爷爷已经离开了我们，但是他的团队和他的学生们继续沿着他的脚步，为提高粮食产量不断努力着。

可能有人会问：“我国的温饱问题不是已经解决了吗？为什么还要做这样的研究？”虽然现在看起来我们不用为吃饭的问题发愁，但粮食安全始终是我们中国乃至全球的大问题。在联合国的一些报告中，经常会提到全球粮食危机的问题。在这个世界上，依旧有很多我们看不到的地方、接触不到的人，在为吃不上饭而发愁。联合国数据显示，2021 年全球有 8.28 亿人正在遭受饥饿。即使是中国，虽然大家已经能吃上各种主食，可是如何吃得安全、吃得好，依旧是农业科学家们努力研究的方向。

即使是成功培育出超级水稻的袁隆平，他生前也曾如实地告诉大家："我们辛辛苦苦钻研提高水稻产量，每亩提高 5 斤或者 10 斤都不容易。"

相信现在的很多孩子都读过唐代诗人李绅的《悯农》："锄禾日当午，汗滴禾下土。谁知盘中餐，粒粒皆辛苦。"曾经的农民们在地里辛苦劳作，要用一整年的辛苦才能换来收获。

科技发展到现在，即使在种植业上可以利用很多先进的方法和机械设备来帮忙，每一粒粮食也都来之不易，它们是无数和袁隆平一样的科研人员日日夜夜思考、计算、实验和尝试凝聚的成果，也是农民们辛勤劳作的产物。尊重劳动，不浪费粮食，是我们每个人应该遵守的基本原则。

世界人口还在增加，全球气候的变化也让农业生产面临更多不确定性，这就要求我们有更多投身于基础科学事业的人才，为我国乃至全球的粮食安全问题继续前行。

袁隆平爷爷曾这样说过：“我做过一个梦，梦见杂交水稻长得像高粱一样高，穗子像扫帚一样大，籽粒有花生米那么大，我和我的助手们一块在水稻下面乘凉。”

希望看完这篇文章的你，也能够在缅怀袁隆平爷爷的同时，成长为一个有理想、对社会和人类有责任心的人，为了人类的命运而努力学习。

致少年

民以食为天。粮食是人类存活的根本，但是粮食短缺的问题却始终伴随着人类的发展。为了解决中国耕地不足的问题，袁隆平年轻时就立志学农。他几十年如一日地在试验田中反复尝试，在无数次失败后终于研制出产量超出普通水稻 20% 的杂交水稻，解决了中国乃至全世界人

民的温饱问题。而获得无数光环的袁隆平老爷爷初心不改，在八九十岁的高龄依旧奋战在研发第一线。虽然他已经去世，但我们会永远记住他，感谢他为人类生存所作出的贡献。

THINKING

想一想

你对农作物了解多少呢？除了水稻外，你知道我们日常的主食来自哪些农作物吗？这些农作物分别生长在哪些地区？为什么不同区域的人会吃不同的主食？

- 汉服
- 文化自信
- 文创 IP

THINKING

为什么
喜欢国潮
文化的人
越来越多？

你有没有注意过，走在大街小巷或者逛公园的时候，穿汉服的人越来越多。特别是到了中国传统节日，比如中秋节、元宵节等。

那么，汉服中的“汉”到底是什么意思？什么样的衣服才算汉服？汉服是什么朝代的人穿的衣服呢？

汉服是中华礼仪之邦的象征

汉服并不是指汉朝时期的衣服，这只是一个简称，它的全称是“汉民族传统服饰”，指具有明显的汉民族风格的服饰。汉服包括很多种形式，随着时代的变迁，汉服也在不断地发展和变化。但是不管怎样变化，每个朝代的汉服都代表着汉民族的文化特色。

为什么穿汉服也是学习礼仪文化的一种形式呢？

这就要说到中国的服饰礼仪制度。中国之所以被称为“礼仪之邦”，完备的冠服体系是重要的原因之一。“冠”指帽子，“服”指衣服。汉服是一个非常广泛的体系，不仅仅指身上的衣服和头上的帽子，就连脚下的鞋子甚至身上的配饰都包括在内。

古代典籍中记载，最早的汉服源于“黄帝制冕服”，也就是黄帝创造了最早的服饰体系——上衣下裳制。上衣下裳的灵感来自天和地，天在上，天没亮的时候是黑色，所以上衣是黑色；地在下，土地是黄色，所以裳为黄色。因为有了这种神圣的含义，后来每个朝代都继承了这种服饰制度，并将这件事作为国家的一件必须重视的大事。

从此以后，上衣下裳制成为中国最基本的服饰形式。圆的袖子和交叉的领口代表天圆地方，中缝和垂带代表人品正直。所以，古代有一个词叫作“正衣冠”，也就是说，一个人的衣服和帽子要穿戴整齐端正，才是一个品行端正的人。

因此，汉服是中国“礼仪之邦”的体现，承载了中华民族的传统和文化，体现了中华文化中所倡导的世界观和道德观。同时，汉服集合了中国传统的织布、染色、刺绣等多种纺织工艺，如唐朝华美的披帛、宋朝清雅的长衫、明朝端庄的马面裙……都蕴含了中华民族几千年的文化底蕴和美学造诣。

汉服不但在中国得到了一代代的传承和演变，还影响了亚洲其他国家，比如日本、朝鲜、越南等国家的民族服饰，都或多或少地借鉴了汉服的特征。

汉服的流行是文化自信的体现

虽然汉服的历史已经延续了几千年，但是到了近代，中国由于落后，备受西方列强的欺凌。在西方文明的强大影响下，中国人自强不息学习先进文化技术的同时，人们的服饰也受到国外服饰潮流的影响，对于中华民族的汉服反而产生了陌生感。

汉服精美繁复，但从实用的角度看，穿戴起来并不是很方便，在快节奏的现代社会，汉服确实不适合在日常生活中穿着，现代的服装更简洁方便，更适合当下。

但汉服是中华民族传统文化的一种传承，也是民族自信的一种体现，它虽然没有办法成为现代的主流服饰，却可以在很多重要的、有意义的场合出现。其实很多国家的人民在盛大的节日和重要的日子，都有穿上传统民族服饰的习俗，比如日本的年轻人在成人日，也就是20岁那年的1月10日，要穿上日本传统服饰“和服”，和父母一起庆祝自己终于成为一个有担当的大人。还有朝鲜和韩国的婚礼上，新人们也习惯于穿上传统朝鲜服饰“韩服”迎接这重要的一天……

曾经，穿汉服的人走在路上会被大家侧目而视，觉得很夸张。随着时代的发展，喜欢并认可中国传统文化的人越来越多，喜欢汉服的人也越来越多，特别是不少年轻人，他们不但穿着汉服自信地走出去，而且对汉服的制作工艺、历史渊源产生了浓厚的兴趣。

汉服文化在年轻人中逐渐形成了一种新的时尚风潮。在网络上，汉服爱好者更是以“同袍”互称。由此还催生了一些新兴的职业，比如为汉服爱好者提供妆容造型服务的“妆娘”“簪娘”等。

不仅如此，经过近几年的发展，汉服还为旅游、摄影、文化等产业提供了新的营销思路，西安的“长安十二时辰”文化街区和大唐芙蓉园、洛阳的应天门、敦煌的鸣沙山等，都成为热门的古风汉服摄影打

卡地。古装宴饮、汉服特色小镇等主打国风、汉服元素的沉浸式消费，也在全国很多城市蓬勃发展。

国外城市街头和社交平台上也出现了越来越多的中国人穿着汉服表演中国民族舞蹈和民族乐器，如琵琶、古筝、笛子、二胡……这些自信的中国“街头艺术家”吸引了许多不同国籍、不同肤色的人围观，大家都沉浸在美妙的中华传统文化中。这种场景让人不由感慨：汉服与中国传统艺术也可以成为一种和平、美好的交流语言。

这种对传统文化的深厚情感，就是对中华民族身份的认同，是文化自信的最好体现！

国风的兴起

在“汉服热”的带动下，如今国风已经成为最受欢迎的设计风格。

各大时尚品牌纷纷推出国潮联名款，当简单、日常的T恤衫加上毛笔字、京剧脸谱、中国传统纹饰等国潮元素，就变得独具特色，受到消费者特别是年轻一代的热烈欢迎。

还有现在流行的盲盒手办也不甘示弱，不论是敦煌系列，还是十二生肖，又或者是根据《红楼梦》等中国经典文学名著设计的造型，都成为热销的款式。

就连有600年历史的世界文化遗产——故宫，都紧跟时代潮流，推出了自己的文创产品，包括各种文具、服饰、化妆品，将古老的传统艺术文化与当下最流行的产品相结合，新奇中透着俏皮，圈粉无数，爆款不断。故宫博物院文创IP开发成功后，其他博物馆也纷纷效仿，陕西历史博物馆推出了唐妞IP、苏州博物馆打造了四大才子IP，颐和园、敦煌研究院也推出许多精美、华丽的文创产品，这些都成为年轻人追捧的“网红”。

这些国潮联名和传统文化 IP，无不体现了大家对于传统文化的热爱与日益高涨的需求。

除了实物商品外，“国风”也登上电视荧幕和大舞台。2020 年河南卫视春节联欢晚会上的国风舞蹈《唐宫夜宴》一鸣惊人，各大电视台相继推出国风舞剧、传统文化纪录片等节目。2021 年的中央电视台春节联欢晚会上，美轮美奂的舞蹈节目《只此青绿》更是让每个人都深切地感受到中国书画的无穷魅力。现

在，有些走在时尚前沿的街舞节目，也开始倡导街舞文化和国风融合，中华文化的魅力让无数国内外舞者为之折腰。

悠久的中华历史和灿烂的中华文化，是文化艺术创新取之不尽、用之不竭的灵感源泉，它赋予了“国潮”强大而持久的生命力，让国潮风在不同的圈子中生根发芽、成长壮大，成为新时代的文化潮流之一！

致少年

文化是一个国家、一个民族的灵魂，没有高度的文化自信，没有文化的繁荣兴盛，就没有中华民族的伟大复兴。不管是汉服的回归，还是国潮的盛行，对我们都是一种启示和鼓励。作为新时代的年轻人，我们不但要热爱祖国的传统文化，更要学习和理解中华文明，让这些传承千年的宝贵遗产得到弘扬和光大。

THINKING

想一想

“披罗衣之璀璨兮，珥瑶碧之华琚”“越罗衫袂迎春风，玉刻麒麟腰带红”……在古诗词中，有很多形容古人服饰的词句，大家还知道哪些描写汉服的诗词？可以尝试回忆一下，还可以和伙伴们比赛，看谁说得多。

- 线上诊疗
- 人工智能
- 医疗信息化

THINKING

医疗和
互联网

结合后会
带来什么
变化？

早上做完核酸检测，下午就可以在“健康宝”“随申码”等各类防疫小程序上查到结果；扫一扫“场所码”，马上会出现你最近一次的核酸检测时间并且显示健康码状态……日常生活中，我们会发现无处不在的“互联网医疗”场景。

什么是互联网医疗呢？其实就是和互联网技术相结合的医疗。比如，我们开头说到的核酸检测结果，以及其他防疫信息查询，就属于互联网医疗中的一个领域——在线查询医疗信息。以前，人们需要去医院拿检测报告才能知道自己的健康状况，但是现在只要拿出手机进入相应的程序，就能又快又方便地查询到结果。

不得不承认，新冠感染疫情让世界经济出现了深度下滑，也给全球人民带来了深重灾难。但与此同时，也催生了一些新兴行业和新生态，互联网医疗就是其中之一。

那么，互联网医疗为什么会在疫情期迅速发展呢？

首先，疫情暴发初期，多家医院为解决线下就医交叉感染的问题，停止了正常服务，大量患者无法去医院看病。而很多互联网医疗平台和公立医院都开通了在线咨询服务，方便更多人通过在线问诊看病买药。

其次，各地政府纷纷开始利用信息化手段进行常态化疫情防控工作。以健康码为代表的便捷、高效的“互联网＋疫情防控”措施开始实施，大数据方法被运用于流行病学调查……

外在环境促使了互联网医疗的发展，但它的应用绝不仅限于疫情防控的应急功能。事实上，互联网医疗早已在我们日常生活中出现，造福了亿万百姓。你可以想一想，自己是否在生活里应用过互联网医疗呢？

远程问诊购药，足不出户把病看

近年来，互联网医院如雨后春笋般冒出来，实际上就是把实体医院的问诊、开药等流程转到了网上。

相信你或多或少看到过爸爸妈妈使用相关服务。比如，京东健康的线上问诊、百度旗下的“问医生”、在线平台“好大夫”“春雨医生”等，每天都有无数人咨询。患者通过描述自己的症状，或者上传伤患部位的图片、化验报告等，可以和医生用文字或语音的形式进行交流，从而得到医生的诊断和建议。

这有什么好处呢？第一就是更方便、更快捷了。以前大家常常抱怨去医院看病“排队两小时，看病两分钟”。有些疾病可能十分常见和典型，医生只需要稍做检查就可以判断和诊疗，患者却要奔波到医院，然后排队挂号，进行漫长的等待。而有了“网络问诊”，大家足不出户就可以解决一部分常见病。

此外，我国的优质医疗资源大多集中在东部的大城市和发达地区，中西部和农村医疗资源不足。而有了互联网技术手段的协助后，看病问诊就克服了空间的局限性。不管你生活在哪里，都可以在网络上找经验丰富的医生进行咨询。所以，医疗资源分布失衡的问题也得以改善。

除了互联网问诊，远程购药也变得越来越普及。像“阿里健康”“京东大药房”这类电商平台，越来越多地开始提供“买药不出门”的服务，并联动制药企业和药店，保持药品供应和药价稳定，同时与物流企业合作，加快送药速度。

听起来，互联网医疗真是太方便了！但是，它也有一定的局限性。

我们都知道，临床诊断，也就是面对面的诊断，肯定是最直接的。医生首先会通过询问、观察、触摸、听诊等方式判断病情。而当诊断变为线上之后，除了询问，医生只能通过查看一些图片资料进行判断，其他如“触摸”“叩击”“听声音”“观察”等基本无法开展，这可能会妨碍诊断结果的准确性。

此外，很多病情需要通过一系列检查才能做出更准确的判断。你应该有过去医院化验抽血的经历，可能是扎手指头，也有可能是从胳膊上的静脉抽血。采取的血样会在实验室经过一系列分析，显示的数值结果能在一定程度上反映病人的身体状况。

所以，想更精确地了解病情成因，得到更合理的治疗方案，很多时候患者依然需要去线下医院进行进一步检查。

当然，这一点随着技术的进一步发展也会逐渐得到解决。比如，可穿戴设备的研发日渐成熟，在未来，医生没法做到的身体接触可以借由机器设备完成。冠心病、高血压、糖尿病等慢性疾病患者可以通过随身佩戴一些仪器装置，接受远程的心跳、血压、血糖监测。这样一来，医护人员就可以远程了解患者的实时健康数据，从而调整治疗方案，甚至直接通过穿戴式设备进行药物注射。

延伸阅读

新冠感染疫情暴发以来，公立医院纷纷加速互联网医疗建设，将更多的资源投入到线上诊疗业务中。

互联网医院的出现，给大家带来了就诊的便利。例如，有一位家住湖北随州的患儿确诊为慢性荨麻疹后，孩子的家长已多次通过武汉儿童医院互联网医院“视频问诊”进行线上复诊，药品均快递到家，不用因反复跑医院而耽误学习。因为有智能生成的电子病历，医生对孩子的病情很熟悉。家长留言说：“省路费、省时间，更省心，在家就能询问武汉儿童医院的专家，互联网门诊对于我们外地患者太方便了。”

除了医生诊断，我们再来说说远程买药。

药品分为处方药和非处方药。处方药因为不良反应发生概率较大，有一定的治疗风险，所以必须凭执业医师的处方才能购买，比如一些消炎药或者特定疾病治疗药物等；而非处方药则不需要凭医师处方就可以自行判断、购买和使用，例如润喉片、益生菌等。

国家出台这种规定，是为了避免患者私自不专业用药带来的风险。但个别线上平台存在处方药管理、销售不规范问题。这种情况下，在网上买药就大大增加了用药不当而带来的风险。

所以，互联网在给我们提供问诊、买药方便的同时，还要在监督和管理上下功夫，从而保障大众的就诊和用药安全。

医疗信息化让患者更满意

去医院看过病的人，对如今的医疗信息化会有亲身体会。现在我们看病和十几年前相比方便得多，在智能手机的帮助下，我们的就医效率大大提升。

我们一起来模拟一次看病就医的流程。

先打开医院的小程序或公众号，在上面进行预约，选好哪一天的哪一时间段看哪位医生。然后在预约时间前往医院，到医院之后，可以在自助挂号机上刷医保卡挂号，扫二维码进行支付，然后就可以去指定的诊室门口等待叫号就诊。其间，各种检查、化验都可以通过手机或者自助服务机进行缴费。

检查报告结果出来后，手机也会第一时间接收到通知。医生看过相关的检查化验报告后，基本上就能对你的病情做出诊断，然后给出治疗建议或开出处方

配药。你缴费之后就能拿药回家。整个过程短则 1 小时，多则不会超过半天。

在以前，看一次病基本要花掉大半天甚至一整天的时间。因为没有网络预约，所以当天去这家医院看病的人有多少、什么时候去，都没法预计。因此，大家都会起个大早，去医院排队挂号。如果去晚了，还有可能白白浪费排队的时间，根本挂不上号。这就催生了“票贩子”“医托”这样的灰色行业。有些人每天专门去排队拿号，然后再高价卖给挂不上号的人。还有一些人利用大家“病急乱投医”的心理，把看不上病的人骗到其他不正规的医疗机构，从中牟利。

再比如支付这个环节。之前医疗系统没有和支付宝、微信等移动支付手段相互关联，所以不管是挂号付费、做检查付费还是拿取药品的缴费，都需要去人工窗口排队，时间就这样被浪费在漫长的等待中。而如今，在线支付或者自助服务扫码，就可以在瞬间完成缴费。

除此之外，我们的健康档案在医疗信息化的过程中被逐步记录成数据化信息。大家翻看一下爸爸妈妈或爷爷奶奶的病历本就会发现，几年前，很多就医记录是手写的，如果病历本丢了，那么以前的就医档案就消失了。

而现在，医生会把患者的就医情况输入电脑后存在医疗系统中，病人的每次就医情况都会作为数据被记录下来。

这样一来有什么好处呢？

对于医生来说，不需要手写可以大大节省工作时间，而且在电脑上可以轻松查看患者之前的就医记录，不需要长时间向患者询问病史；而对于患者来说，不仅可以随时在线查看自己的档案，实时了解自

己的健康状况，而且如果需要对很久之前的某一次就医情况进行查询也可以在手机上轻松完成。

可以说，信息化不仅提升了医生就诊的准确性和工作效率，使医生更好地为患者服务，更增强了患者的就医体验和对医院的满意度、信任度。

致少年

除了以上两方面，互联网医疗还有很多其他的应用。

比如，身处异地的专家远程指导偏远地区的医生进行手术操作，人工智能辅助医生进行医学影像的识别和病灶的筛查，医生的在线培训让身处世界各地的专家进行经验交流并学习成长，等等。在全球很多国家，互联网医疗持续发展，给人们带来了莫大的方便。

互联网已经被慢慢运用到现代医疗的方方面面，中国互联网医疗行业也从萌芽期步入高速发展期。同时，我国医疗资源的紧缺和供给不平衡与人们日益增长的健康医疗需求之间的矛盾，也将成为促进我国互联网医疗行业发展的长期驱动力。

广大民众也逐步对互联网医疗有了更多的了解和认可，产生越来越多的信任感。我们有理由相信，互联网医疗行业在中国有着十分广阔的发展前景，而我们每个人也将因此受益。

THINKING

想一想

日常生活中，你有没有需要互联网医疗的地方？你觉得互联网医疗的发展和哪些因素密不可分？

- 作业减负
- 规范课外培训
- 综合素质

THINKTING

为什么说
“双减”
关乎每个
孩子的健康
成长？

你所就读的学校平时留的作业多吗？回家需要写多长时间的作业呢？平时你有没有报课外班？是艺术体育类的多，还是语、数、英等学科类的多呢？

你知道吗，无论是学校，还是校外培训机构，都是有上级主管单位的，目的是监督、管理学校和机构，让它们更良性、更规范化地运作，更好地满足人们对教育和学习的需求。

在党的二十大报告中，习近平总书记提出：“教育、科技、人才是全面建设社会主义现代化国家的基础性、战略性支撑。”教育是国家的基石之一，只有各领域各方面拥有充足的人才储备，国家才能健康、稳步发展，才能有更多的创新能力。

对于每一位同学、每一个家庭，乃至整个国家来说，良好的教育环境至关重要。坚持教育优先发展，加快建设高质量的教育体系，发展素质教育，促进教育公平，也是我们国家一直努力在做的事。

2021 年政府出台了《关于进一步减轻义务教育阶段学生作业负担和校外培训负担的意见》（以下简称“双减”），由中共中央办公厅、国务院办公厅印发，要求各地区各部门结合实际认真落实。

“双减”政策颁布之后，社会上出现了很大的变化。不少学校调整了考试形式，全面压减作业总量和时长，减轻学生过重作业负担；而校外，要对不合规的教育培训机构进行清理整顿，规范培训服务行为……

对于大部分孩子来说，肯定觉得这是件特别好的事，但是有不少家长担心孩子的学习会受到影响。你是怎样看待这个问题的呢？政府为什么要出台这样的政策呢？

为什么要实行“双减”政策

顾名思义，“双减”减的主要是义务教育阶段的两项内容：一是中小学生过重作业负担，二是校外培训负担。也就是说，学校不能布置太多作业，要让学生有自己的时间，可以进行正常的锻炼、阅读、休息、娱乐等。与此同时，要提升校内教学的质量，老师要利用好学校里的时间，带领同学们把该学的知识都学好、学会，课后要给同学们安排丰富的活动。这一点，相信你一定在自己的校园生活里感受到了。

这些减负举措和升学政策密切相关。我们国家对小学生和初中生实行的是九年义务教育，同学们就读公立学校，是不需要缴纳学费的，而且每个孩子必须至少完成初中阶段的学习，接下来再考虑如何升入高中。“双减”政策的改革里，也包括高中招生录取模式的调整，也就是说，学校招收学生的时候，不能仅看一些学科的考试分数，而且要看学生的综合素质评价，比如在某方面的能力、优秀的品质等。如果大家的时间都被无休止的补课所占据，又哪有时间参加公益活动、社团活动、研究性学习等，发展自己的特长呢？

针对校外培训机构的管理则更为广泛。“双减”政策出台之前，各种大大小小的教育机构遍地开花，但实际上，有一些机构并不具备完善的资质，或者压根儿没有好老师、好课程，只是抓住了家长希望提升孩子成绩的心理，吸引家长报名。

还有一些教育机构通过制造焦虑，想尽方法让家长报名，其实就是为了赚取更多的课程费。这并不是真正做教育、教学生的态度，而是把“教育”等同于“赚钱”，甚至形成了除学校外的另一套教育体系。这给家长们带来了很大的经济负担，也造成学生的学业负担过重。

由此，社会上出现了一些畸形状态，比如哪家机构能设计出更博人眼球、制造焦虑的广告，有钱满大街、满互联网投广告，花大价钱给用户送各种礼物吸引家长前来听课、买课，哪家机构就能发展得更好，赚得盆满钵满……

这种状态会对教育产生什么影响呢？好的教育一定要以人为本，把重心放在课研和教学工作上，思考如何帮助孩子更好地学习和成长，而不是像部分机构那样以钱为本。

校外培训机构的畸形发展，无论对个人、对家庭，还是对国家，都没有好处，所以这种状况需要整治。

除此之外，你认为“双减”政策还和什么有关，为什么要实行“双减”政策呢？

一个国家如果想蒸蒸日上，有更长远的发展，最核心的就是人才。人才是当今国家发展的重要助推力量，是实现中华民族伟大复兴的关键。“培养人才是国家和民族长远发展的大计，当今世界人才的竞争首先是人才培养的竞争。”但是，高昂的教育费用、培训机构带来的焦虑等因素，让家庭背负了包括经济、精神在内的各种压力，也无形中阻碍了孩子的健康积极成长。

于是，政府出台一系列政策和意见，希望给人们创造更好的生活环境，给孩子提供更加宽松的学习环境和成长空间。“双减”政策就是其中之一。

“双减”政策对学生产生了什么影响

“双减”政策执行至今，部分举措已经取得重要成效。比如，校外培训机构野蛮生长的现象得以有效遏制，校内作业减负也受到了普遍欢迎。很多学校提供了丰富有趣的课后服务：一方面，让同学们的学习生活有了不一样的色彩；另一方面，解决了家长上班接送孩子困难的问题。家庭教育支出负担和家长相应精力负担均有效减轻，学生的睡眠、运动、实践时间普遍增加，家长更加关心孩子的身心健康成长。

“双减”是为了构建教育良好生态，有效缓解家长焦虑情绪，促进学生全面发展、健康成长。换句话说，就是不要以分数和成绩作为唯一考核标准，而要全面提升学生的综合素质。也就是说，要提升一个人的知识水平、道德修养、问题解决等各方面能力，让每个人都学会学习、学会思考。

在“双减”的大背景下，你可以想一想，应该怎样合理安排自己的学习和生活呢？哪些能力在未来更重要？

首先，我们可以留出更多的时间进行体育运动，找到一项或者几项自己喜欢的运动，并且坚持下去。除了身体素质的提升，你一定会在运动中发现更多乐趣。有了好的身体，才能有好的精神面貌。

其次，多读书。阅读，是贯穿我们一生的事。我们能从书中获得精神食粮，找到自己喜欢的各类故事、知识，发现自己的兴趣爱好，启心智，明事理。而好的阅读习惯，也一定会让你学会深度思考，看待问题有不同的角度，更加睿智。

再次，找到一两项自己真正喜欢的事情，如艺术、天文地理、历史研究、科学技术、文学写作等。只要是自己热爱的，并愿意为之付出时间和精力，愿意多方研究学习的，都是一件值得一直做下去的事。

此外，拓宽自己的视野，结交能够互相帮助、共同成长的好朋友……这些都是让我们成长的方式。

对于绝大多数学生来说，课堂内学到的学科专业知识点，或是阅读时的思考收获，不一定能够在未来的生活中被高频率地使用，但学习过程中获得的思维能力、审美能力以及意志观念，却有着深远影响。这些能力带来的益处远不只是在考试中取得好成绩，而是整个人生。

所以，在教育和学习中，你是否会一点点树立自

己的人生目标和职业理想？简单来说，你要成为什么样的人？做什么样的工作？这些都是我们在接受教育时所要思考的。

致少年

大家也可以回忆一下，上一次认真阅读一本自己喜欢的课外书是什么时候？上一次和家人规划出行旅游是什么时候？上一次进行社会实践又是什么时候？

无论是兴趣爱好、陪伴家人、社会实践还是道德修养，都是我们学习和生活的重要组成部分，如何平衡方方面面？希望我们停下脚步来思考这个问题。

所以，面对“双减”政策的持续推进，我们不应该只做一个被动的接受者，而应该意识到这是一个国家教育战略的大变革，和每个学生的发展息息相关。我们更应该在这个时代，对事物保持好奇心、探索欲，多学习、多思考、多实践，全面提升各方面能力，培养兴趣爱好，提高身体素质等，为自己的成长寻找更多的可能。

THINKING

想一想

任何一种改革，都要向着更好的方向发展，也要兼顾各方面的实际情况。那么，如果你是一名教育工作者，会采取什么样的教育方式，营造什么样的环境和氛围，让同学们既能学好也能玩好呢？

- 依法治国
- 社会生活百科全书
- 法律护盾

THINKING

为什么说
《民法典》
是一部
社会生活的
百科全书？

说到法律，大家应该不陌生，有的同学可能还听过宪法、刑法，还有与我们关系密切的《未成年人保护法》等。但是，不少人听到《民法典》会感到困惑，《民法典》是什么？法治又是什么？为什么说《民法典》开启了法治的新征程？

《民法典》的全称为《中华人民共和国民法典》。2020 年 5 月 28 日，我国最高立法机构——全国人民代表大会，在第十三届全国人大三次会议上表决通过了这部法典，宣布《民法典》从 2021 年 1 月 1 日开始施行。

细心的同学可能注意到这里有两个特别相似的词语——“法典”和“法律”，你知道法典是什么吗？它和法律有什么区别？《民法典》的施行对我们有什么影响？别着急，读完这篇文章，相信你会慢慢找到问题的答案。

什么是法律、法典和《民法典》

就像每个班级都有班规，一个国家也有“国规”，这就是法律。法律可以让这个国家里的每个人都明确地知道自己可以干什么、不可以干什么。所谓“依法治国”，就是按照法律的规定治理国家，所有人都要按照法律的规定办事。

如果用学校的班级类比，就是说无论老师还是学生，都要遵守班规，老师也要按照班规进行管理，不能违反班规或者随意更改。比如，班规规定大家上课不许迟到，那么老师和学生都必须按时到达教室上课。又比如，班规规定班费使用必须征集大家的意见，那么哪怕是老师要使用班费为大家购买东西，也需要按照班规向大家征求意见，而不能直接自己做主。

而要“依法治国”，首先就必须“有法可依”，也就是给国家这个“大班级”制定规章制度。不过由于人们在社会生活中面对的情况远比班级复杂，所以国家制定了不同的法律。因此，相比于班规，法律的数目和内容更多、更复杂。

你知道吗？截至 2020 年 6 月，中国一共有 276 部法律。如此数量庞大的法律使用起来非常不方便，于是人们尝试把同一门类的各种法规整理在一起，形成“法典”。那《民法典》是一部什么样的法典呢？

顾名思义，《民法典》就是各种有关人们社会生活的法律经过系统整合、编订纂修形成的，因此《民法典》也被人们称为“社会生活的百科全书”。《婚姻法》《继承法》《合同法》《侵权责任法》等九部单行法通过审议修改，作为《民法典》的立法基础，所以说《民法典》开启了中国法治的新征程。

《民法典》和我们有什么关系

说了这么多，《民法典》到底和我们的生活有什么关系呢？《民法典》作为“社会生活的百科全书”，可以说小到生活中的鸡毛蒜皮，大到结婚、离婚、生老病死等人生大事，我们生活中遇到的很多疑惑，面对复杂的情况不知道这么做到底是对是错，都可以从《民法典》中找到答案。

比如，你过年会收到很多大大小小的红包，但是往往红包拿到手还没焐热，就会被妈妈以“年龄小”为由收走。那么，你收到的红包到底能不能自己保管呢？《民法典》就给出了答案：如果你已经年满 8 周岁，但还没有到 18 周岁，你收到的红包就属于你自己，可以交给父母帮你保管，也可以自己拿着钱买书籍、文具之类的物品。

不过需要注意的是，既然8～18岁的孩子是“限制”民事行为能力人，那么你的行为就要受到一定的限制。也就是说，如果你收到的压岁钱特别多，而你刚满8周岁，还不到18周岁，那么你不能买大件商品，更不能一口气把压岁钱全部花掉，否则可能会被爸爸妈妈要回来。你可能听过这样的新闻，有的未成年人用爸爸妈妈给的钱在直播间打赏好几万元，结果被家长发现以后追要了回来，这在《民法典》里是合法的。

又比如，你和爸爸妈妈出门旅行。结果上了火车后发现自己的座位被人占了，那个人说他先到的，所以这个座位就是他的。面对这种情景，你可以勇敢地告诉他：“你违法了！”根据《民法典》的规定，旅客需要按照买票的时间、列次和座位号乘坐，而不是先到先得。

再举个例子。你回到居住的小区，走在路上时被某个人从楼上扔下来的一袋垃圾砸伤了脚。如果你想让乱扔垃圾的人赔偿你医药费，但是却找不到具体是哪一户人家，应该怎么办？别着急，对于这种情况，《民法典》也替你想到了。根据《民法典》的规定，如果找不到扔垃圾的人，那么就由住在这栋楼的所有住户一起赔偿你。除非他能够证明这袋垃圾不是他扔的，比如你被砸的时候，他正在上班。

由此可见，《民法典》和我们的生活息息相关。有了《民法典》，我们就可以清晰地知道什么事能做、什么事不能做。

《民法典》不仅是我们社会生活的“尺子”，规范着各项行为，更是我们的一面坚实护盾，保护着我们的各项权利不受侵害。

《民法典》的艰难编纂之路

《民法典》的地位如此重要，但它的诞生可不是一帆风顺的。

早在 1954 年，全国人民代表大会常务委员会就尝试启动编纂一部《民法典》，但并没有成功。好在这些参与起草法典的人并没有放弃，又分别于 1962 年、1979 年、2002 年三次尝试开展《民法典》的编纂工作。

最终，经过几代人的不懈努力，2015 年《民法典》的编纂工作正式启动。此后，全国人大常委会多次向全国公开征求意见，累计收到几十万人提出的上百万条意见和建议，又经历了数年的整理和商定，才将这部《民法典》带到我们面前。

编纂《民法典》这么困难，为什么还要坚持呢？

为什么一定要把多部法律整合到一起呢？

一方面，中国原来那些和民事有关的法律数量非常多，查找和使用起来不方便，而把它们按照不同的类别整合到一部法典里，形成一个完整的目录，就可以节约很多查找的时间。

另一方面，《民法典》的编纂并不是把原有的法律完全复制粘贴到一起。就像整理衣服的时候，我们要做的不仅是把同类的衣服放在一起，更重要的是，通过整理，我们可以扔掉那些旧了、破了的衣服，并且根据需要购置新的衣服。

我国原有的一些法律施行了很长时间，在使用过程中发现了一些问题。所以，编纂《民法典》是在不断更新、完善我们国家的法律体系，最终使我们的民法更加科学、严谨、协调、完整，更加适应新时代的需要。

新中国成立以来，中国一直重视法治，坚持依法治国。相应地，我国对法律也进行了无数次的增删和调整，让法律不断贴近人们的生活，让人们在法律的保护下平平安安、开开心心地生活。

致少年

也许有人会说：我的生活特别顺利，从来没有和别人产生什么矛盾，那《民法典》对我来说还有意义吗？答案是肯定的。《民法典》不仅仅是一部法律，更代表了一种价值观。比如，《民法典》规定大家的财产权利受法律平等保护、夫妻在婚姻家庭中地位平等、继承权男女平等……这些都体现了平等原则。又比如，《民法典》规定见义勇为时如果造成了一定的损害，是不用承担民事责任的。也就是说，如果你在路上发现一位老人摔倒，赶紧过去把老人扶起，结果老人起来的时候没站稳，把脚扭了。那么，这种情况下你是不用承担责任的。这样就给每一位见义勇为者，给每一个心存善念、胸怀正义的人，吃了一颗定心丸，让大家可以勇敢地伸出援助之手。

《民法典》规范着社会中所有人的行为，如果没有它，可能你的生活并不会像现在这么平安、顺利。所以，我们要积极了解法律，学习法律知识，遵守法律，学会用法律保护自己。

THINKING

想一想

如果让你来编纂《民法典》，你觉得哪些内容是最重要的？

- 哀牢山

- 敬畏自然

- 安全防范意识

THINKING

科考有危险，
为什么

科学家依然
前赴后继？

很多人从小就读过一些关于大自然的科普绘本和书籍，书中各种神奇的植物、动物，还有神秘的自然现象、有趣的科学原理，都让我们心生向往。但大家有没有想过，这些书中的知识是从哪里来的呢？

俗话说：“耳听为虚，眼见为实。”因此，我们在科普书籍中所看到的一切写实的信息，都是经过专业科研人员的考证，也就是说，经过证实这些事物、现象是真实的，才能够写进书中。所以当涉及求证大自然的奥秘时，专业的野外科考就显得尤为重要。

野外科考，就是去大自然中，特别是那些人迹罕至的地方，带着解决科学问题的目的进行严谨的科学考察。这是一项有重大意义，但也是高风险的工作。听起来很有意思，但野外科考人员可能遇到各种危险，包括地质灾害、天气变化、遭遇危险野生动物、从高处坠落、迷路、溺水、食物中毒、高寒缺氧、交通事故等。

2021年11月22日，就发生了一起令人悲痛的事件，4名在云南省哀牢山进行科考的地质队员不幸遇难。

大家一定会非常担心和不理解：为什么经过专业培训，随身携带了各种专业设备的地质人员在野外科考时也会发生事故呢？

这就要从哀牢山复杂的地形和环境说起了。

野外科考会遇到各种状况

地形和环境复杂的哀牢山

哀牢山位于云南省中部，在云贵高原和横断山脉的分界线上，是一条由砂页岩、石灰岩和各种变异岩组成的山脉，它的最高峰海拔为 3166 米。

哀牢山森林覆盖率达 85%，核心区是哀牢山国家级自然保护区，占地面积达 503.6 平方公里，差不多相当于700个足球场大小！这里动植物资源非常丰富，也是国内最大的亚热带常绿阔叶林。森林里大多是无人区，也就是完全没有人类生存的地方。

高大茂密的树木会把天空遮蔽得暗无天日，能见度很低，还有很多溪流和悬崖峭壁，地形地貌十分复杂，一旦迷路很难走出去。再加上炎热、潮湿的气候，容易引发瘴疫疾病；更可怕的是，丛林中还会有各种毒蛇猛兽。

哀牢山不但海拔高，气候环境也十分复杂。大家应该都知道，越到山顶气温越低，这也是很多高山的山顶常年积雪的原因。按照海拔每升高 1000 米气温下降 6℃计算，平均海拔超 2000 米的哀牢山高山上的气温至少比山麓低 12℃，所以山脚下气温在 20℃左右，山顶的温度可能已经不足10℃，晚上温度则会更低。因此，在这样的环境中进行科学考察，短时间内往往要经历“一年四季”的变化。

既然哀牢山这么危险，为什么科研人员还要冒着生命危险进山考察呢？事实上，哀牢山的科考工作，已经持续了40年。

哀牢山能够成为国家自然保护区，当然是因为它拥有丰富的植物、动物等资源，就连昆虫和微生物都具有可贵的物种研究价值。自从1981年，国家在哀牢山建立生态站后，就发现了几十种新物种，对科学家理解微生物和昆虫在生态系统中扮演的角色起了重要作用。

其中，紫胶是哀牢山众多生物资源中的一种。这是紫胶虫吸取树液后分泌出的紫色天然树脂，电绝缘性能良好，也就是能够隔绝电，这可是非常有价值的，在国防、电气、涂料等很多领域都可以应用。哀牢山拥有丰富的紫胶资源，这里也有全国唯一的紫胶研究所。

而这仅仅是人们了解的一小部分哀牢山的资源，整个哀牢山就像一个巨大的自然宝库，人类需要探索的还有太多太多。这就是为什么一代又一代科研人员将自己的青春甚至生命奉献给了哀牢山的科考事业。

野外科考中危险无处不在

在哀牢山殉职的 4 名地质人员都非常年轻，平均年龄只有 20 多岁，并且都有过当兵的经验。4 人进山时身着冲锋衣，并带有一次性雨衣、定位设备、油漆、工兵铲，以及食物和取暖用的汽油等。

本身是地质人员且又有从军的经历，他们的野外生存能力远远超过普通人。但是，这 4 名地质人员的尸体被找到的时候，救援队发现，他们携带的食物和汽油都没有用完，而根据他们留下的物品以及油漆标记等分析发现，他们一直在围着临时营地打转。这是为什么呢？经过专家们的分析，这很可能是因为他们使用的机械罗盘受哀牢山磁力的影响发生了故障导致功能紊乱，对他们产生了错误的方向指引，导致4名专业科考队员失去了方向。

与此同时，长时间爬山导致4名地质人员的体力消耗过大，在事发区域出现了瞬时大风、气温突然下降等状况，导致他们的体温急剧下降。

大家都知道，人类是“恒温动物”，也就是能够通过体内的温度调节系统维持体温的恒定。如果遇到低温的气候环境，人类就会增添衣物，比如，穿上秋衣、秋裤、棉袄、羽绒服等保暖。

不知道你有没有注意过，有时候遇到气温突然降低，或者淋雨后没有及时换衣服，当我们感到非常寒冷的时候，就会开始打寒战，也就是打哆嗦。这是因为当我们的体温快速流失的时候，人体就自动通过收缩体表的毛细血管和使骨骼肌战栗来抵抗体温的过快流失，并且可以通过加快体内的能量消耗来补充热量。但是，当人体热量的补给小于热量流失时，就会造成人体核心区温度降低，并产生心肺功能衰竭等症状，严重的还会造成死亡。

这 4 名地质人员正是因为失温而意外死亡。近年来，野外科考队员受伤甚至遇难的事故并不只有这一起，所以，提升科考人员的安全防范意识非常重要。

既然野外科考发生意外的风险很大，为什么不用无人机或者机器人来进行科考呢？

敬畏自然力量，继续探索脚步

和过去的户外考察相比，目前交通设施和通信设备功能的提升让科研人员的考察环境发生了很大变化。比如，公路修通后，科考人员就可以从城市一路开车到达自然保护区周围，一直到无法开车的地方再步行，大大节约了路上的时间。还有定位系统的出现，让科考人员可以准确地找到合适的路线，让科考变得更为精准和高效率。不过，即使如此，在哀牢山这种复杂的无人自然保护区考察，依然是非常危险的。在自然界中，人类还没有完全熟悉所有的环境。

随着红外相机、热成像仪、无人机的普及，科研人员开始越来越多地使用这些高科技设备来辅助科考行动，科学技术为科考工作提供了很大的方便。但是，科研人员的经验是科技设备所无法代替的。

科考专家指出，寻找野生动物的蛛丝马迹，很难用无人机实现。因为无人机非常容易撞到树干或者被热带植物的藤蔓所缠绕，没有办法在茂密的树林间穿行。如果只是在森林的上空拍摄，根本无法拍到森林里的动物。

还有热成像仪，这是一种能够将物体发出的不可见红外能量转变为可见的热图像的仪器，热图像上的不同颜色代表被测物体的不同温度。大家都知道，野生动物都会有一定的伪装方式，当它们不动的时候，人的肉眼很难发现，但是用热成像仪就可以轻易看到它们的踪迹。

但是，热成像仪也有缺点，它只能拍到动物的轮廓，具体是什么动物、什么颜色和外形都拍不出来。

包括植物的观测也一样，森林到底长得怎么样，还需要科研人员实地勘查。至于机器人，目前大家经常可以看到在商场里扫地的机器人、在餐厅送餐的机器人，但是它们都只能在光滑的平地上使用，即便能上楼梯，也没有办法在森林、沙漠、戈壁这种复杂、崎岖的地区走动，更不用说根本没有路线设置的无人区。所以，以目前机器人的智能程度、灵敏度，还远远达不到科考的要求。

致少年

我们相信，科技的进一步发展一定可以减少科考中事故的发生率。比如，卫星电话就能够对科考人员的生命安全起到非常重要的作用。因为野外科考需要长时间在没有手机信号的地方工作，所以如果卫星电话得到广泛应用，配备给每位科考人员，那么，出现突发事件的时候，也许科考人员就能及时求救，同时也能让救援队第一时间获取科考人员的位置。

THINKING

想一想

读完这篇文章，希望你已经认识到人类发展的每一步都离不开对自然的探索。但是当我们用科技的手段探索大自然时，一定要对自然的力量心存敬畏，保护我们共同生存的地球。

- 80亿
- 老龄化
- 人口增速放缓

THINKING

地球人口
突破 80 亿，

如何看待
全球的
人口问题？

你知道现在地球上有多少人吗？联合国宣布，截至 2022 年 11 月 15 日，全球人口总数突破 80 亿。80 亿！这可真是个庞大的数字。对于一个国家来说，人口是越多越好吗？

人口，是国家发展的基石，人口代表着生产力。在古代，人口多意味着有更多的士兵、农民。而在现代，人口多也意味着有更多能建设国家的人才。从这个角度看，人口增长是一件好事。

但是，地球上的人口越来越多，而资源却是有限的。试想一下，如果人口持续增长，如何在有限的土地上种出足够多的粮食可能就是一个大问题；生活中所需要的各种能源，根本没办法支撑庞大的人口；每个人的生活空间也会变小；去医院可能要排更久的队，路上堵车时间更长，自然资源会被消耗更多，环境也会受到极大影响……由此可见，人口问题是把“双刃剑”，有好的一面，也有不好的一面。

不容忽视的老龄化问题

地球人口从 70 亿到 80 亿，用了 11 年时间，而预测数据显示，到 2037 年达到 90 亿人口时将需要大约 15 年时间。1961 年至 2021 年间，世界人口年增长率呈现先上升再下降的趋势，于 1971 年达到峰值 2.13%，此后急剧下滑，2020 年不到 1%。联合国预测，到 2050 年，全球人口年增长率可能会下降到 0.5% 左右。

人口增长没那么快了，听起来这是件好事。但你知道吗？其实，这意味着全球普遍面临一个问题：新生儿数量降低，人口老龄化严重。这就会导致总人口中年轻人口数量减少，老年人口数量增加。想想看，这又会带来什么问题呢？

首先，会导致劳动力短缺。当一个国家的人口快速增长时，这个国家拥有充足的劳动力。在过去的几十年里，我国大量的劳动力为国家经济发展提供了源源不断的动力，他们都在通过工作创造经济价值，从而推动国家经济的快速发展。那么，当人口数量开始下降时，整个社会就有可能在一定阶段面临劳动力缺乏的问题。

其次，人口年龄结构迅速老化还会对社会养老体系造成极大负担。人口高龄化的加剧，有可能使未来患病、失能和失智老人的占比大幅上升，既会加重企业和政府在基本医疗保险方面的经济负担，又会增加老人在医疗和照料方面的支出。

以我国为例，由于“80后”“90后”以独生子女为主，未来将面临两个大人照顾四个老人的情形。只要家里有一个老人身患重病，家庭支出就会大增，还需要有专人陪护，养老负担加重。

人口增速放缓是全世界范围内的大趋势

老龄化的确是个严重的问题。那是不是鼓励每个家庭多生孩子就能解决这个问题呢？实际上，现在人口出生率低也是个世界性的难题，尤其在发达国家更加明显。也就是说，现在全球很多国家不仅仅有老龄化问题，还有人口出生率下降的问题。很多年轻人都不愿意生孩子，这又是为什么呢？我们可以以日本为例，看看相关的原因有哪些。

首先，年轻人的家庭观念发生了改变。一方面，日本年轻一代生长于物质富裕、生活优越的时代。相比父辈，他们更专注于自己的兴趣和爱好，而养育孩子也意味着一定程度上要改变甚至放弃自己的生活方式。年轻人也在新时代越来越有个性和自己的主张，生儿育女的传统家庭观念有所改变。

其次，经济上的考虑影响了年轻人是否生子，以及生育子女的数目。大家不妨问一下爸爸妈妈，你们家里用在你身上的金钱花销有多少？从吃、穿、住、行到教育开支，如今养育一个的孩子的成本，比以前大得多。

另外，高物价、高房价等经济方面的问题也让日本的很多年轻人不敢生，也不想生。日本国立社会保障与人口问题研究调查显示，77% 的 30 岁以下年轻人认为没有足够经济能力生养孩子，而 30 ～ 34 岁的群体中，则有 81% 认为如此。

有数据显示，日本女性的家务、育儿工作是男性的 4 ～ 5 倍。所以生育孩子会给女性带来更大的责任和负担。再加上现在爷爷奶奶辈参与育儿的情况减少，而现代人的工作比较繁忙，生育之后回到工作岗位，孩子没有人照料的情况很常见。与此同时，托幼机构也不够完善，不少儿童到了入托年龄却进不了保育园，等等。总之，这些都是年轻人面临的现实问题。

如何解决人口老龄化问题

进入 21 世纪后，我国人口形势发生了重大变化，面临着人口老龄化和人口出生率下降的问题。截至 2021 年，我国人口出生率连续两年跌破 1%，出生人口也创 1950 年以来新低。

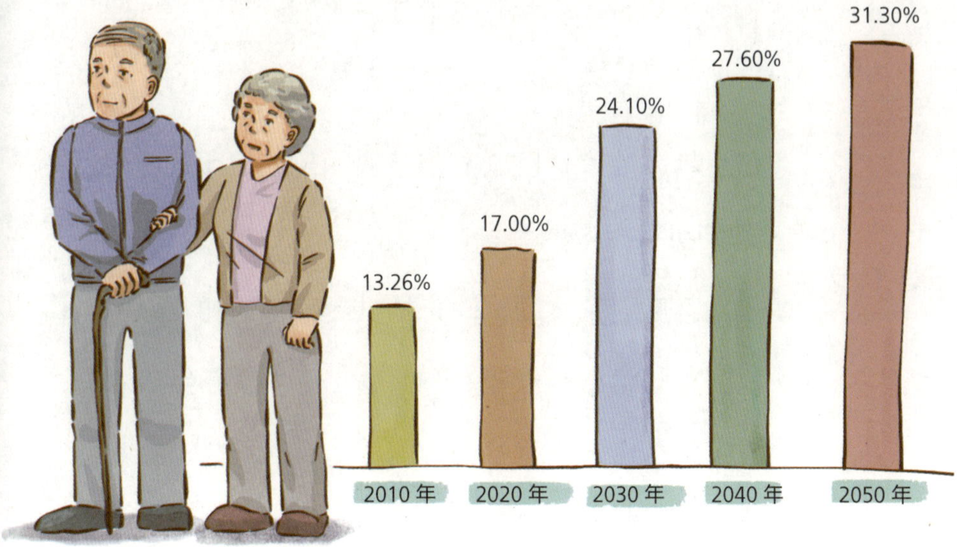

中国 60 岁及以上人口占比

我国从提倡“一对夫妇只生一个孩子”到“全面两孩政策”“三孩生育政策”的调整变化，主要就是为了解决劳动力持续问题、老龄化问题、人口结构性问题等。

针对老龄化问题，我国也在积极努力解决。党的二十大报告提出，实施积极应对人口老龄化国家战略，发展养老事业和养老产业，优化孤寡老人服务，推动实现全体老年人享有基本养老服务。这表明，政府在积极助力“老有所养，老有所依”的未来。

低生育率在发达国家是很普遍的现象，所以不少发达国家都有相应的举措，比如，延长父母的产假，给多子女家庭现金奖励，政府提供更完善的托儿服务等。我国也陆续出台一些提升家庭生活质量和经济水平的政策。每个国家有各自的国情，会根据自己国家的情况制定和调整相应策略。

人口持续增长的国家也面临人口问题

当然，地球上并不是所有国家都面临人口出生率下降和老龄化问题。实际上，以撒哈拉以南非洲地区国家为代表的部分国家，一直保持较高的人口出生率。比如尼日尔，2022 年出生率高达 47.08%，相比之下，日本的出生率只有6.95%，而中国在2021年，全年出生人口1062万人，出生率为7.52%。

与一些国家人口老龄化、人口出生率下降趋势不同的是，生育率高的国家往往是人均收入低的国家。在全球出生率最高的30个国家中，除了亚洲的阿富汗、东帝汶两国，有28个是非洲国家。

那为什么这些国家会有较高的人口出生率呢？这和政府的人口政策、人口年龄结构、文化、女性的权利、医疗条件、经济发展水平都有关系。而不断增长的人口给这些国家带来了一些社会问题，因为教育资源和社会资源落后，并非所有孩子都能接受更好的教育。所以，资源的匮乏、人口素质的不稳定、对于可持续发展的诉求等因素，也给非洲的发展带来了巨大的挑战。

致少年

人口的增长和经济发展息息相关，除了伴随而来的社会问题，也有环境问题。温室气体的排放随着人类活动而增加，进而加剧了地球生态系统的压力。不过，尽管非洲国家人口增长较快，但他们对地球资源的消耗仅占全球性消耗的一小部分。发达国家虽然人口增长缓慢，但是人均资源消耗量大得多。全球知名环保组织“足迹网络”（Global Footprint Network）统计显示，如果全球都按照美国公民的方式生活，5 个地球才可以满足资源需求。所以，人口问题最大的焦点并不在于数量，而在于人们的行为，比如富裕国家对资源的过度消耗。

了解全球人口的状况和我们国家目前的情况，你就会知道我们每个人的出生都和国家乃至世界的发展息息相关。无论是发达国家还是发展中国家，或是暂时贫困落后的国家，都面临着不同的人口问题。

如何提升新生人口的数量和教育水平，如何改善日益庞大的老年群体的生活质量，如何平衡人口和环境的关系，这些是每个国家急切考虑的问题。读完这篇文章，你对于世界人口问题又有什么新的想法呢？

THINKING

想一想

你觉得家里有几个孩子更好？面对全球人口出生率的下降，国家还可以采取哪些举措，提升人口数量和质量呢？

- 艺术无国界
- 保护文明
- 文化遗产

THINKING

为什么一些
文物被破坏

是全球
文明的
损失？

你有没有听说过巴黎圣母院？法国著名文学家维克多·雨果在他的文学巨著《巴黎圣母院》中提到过这座大教堂。雨果是这样描写这座欧洲地标性文化建筑的：“小教堂门楣上那镂空的蔷薇花瓣小圆窗，纤秀而优雅，堪称一件杰作，好像一颗用花边做成的星星。”

巴黎圣母院是巴黎最具代表性的古迹，距今已有850多年历史。无论教堂本身的建筑雕刻、绘画艺术，还是内部珍藏的大量艺术藏品，都让它成为欧洲地标性文化建筑。1991 年，联合国教科文组织将其列为世界文化遗产。

巴黎圣母院存在的意义，不仅仅是法国和欧洲著名的地标性建筑，更是我们全人类的宝藏。

但这样重要的文化遗产，居然在当地时间 2019 年 4 月 15 日发生了火灾。当时的巴黎圣母院，正在

进行常规维修工作，浓烟滚滚中整座建筑遭到了严重损毁，塔楼标志性的尖顶也在烈火中轰然倒塌。

火灾发生后，巴黎到处可见祈祷和哭泣的市民，巴黎圣母院对面的塞纳河边和圣米歇尔广场甚至有许多市民自发带来蜡烛，哀悼损毁严重的巴黎圣母院。当时的法国总统马克龙取消了当天的全国讲话和其他行程，紧急赶往火灾现场，并表示："被火焰吞噬的圣母院，是整个国家的情感。"

除法国外，世界上很多国家都对巴黎圣母院火灾表示关注和惋惜。这是为什么呢？

文化和艺术无国界

巴黎圣母院（法语名：Cathédrale Notre Dame de

Paris)，正式名称为巴黎圣母主教座堂，坐落于法国巴黎市塞纳河中央的西堤岛上。始建于 1163 年，在 1345 年完工，是世界上第一座哥特式教堂。

巴黎圣母院不仅是一座教堂，还是恢宏的博物馆，珍藏了数百年来世界各地的宝物，还有名家画作、雕塑等艺术作品。这是历史的见证，也是文明的象征，是前人留给我们的宝贵遗产。

在巴黎圣母院发生火灾的第二天，也就是当地时间 2019 年 4 月 16 日，习近平总书记就法国巴黎圣母院发生火灾向法国总统马克龙致慰问电，向全体法国人民表示诚挚的慰问，衷心希望在法国人民的努力和国际社会的支持下，巴黎圣母院能够顺利修复、再现辉煌。

正如外交部发言人陆慷所说："巴黎圣母院不仅是法国和欧洲文明的象征，也是全人类的宝贵文化遗产，对文化的珍视、对美的热爱超越国界。"

不能承受之殇——那些被损毁的珍贵建筑

历史留给我们无数凝结了智慧和文明的珍贵建筑，但这些建筑和其中的文物的命运却不是一帆风顺的。在千百年的时光中，它们中的绝大多数被毁坏。你可以想一想，是什么原因导致的?

有人可能会说，因为时间久远，这的确是原因之一，是人力无法抗拒的天灾。比如，尼泊尔加德满都的杜巴广场，名列世界文化遗产之一，见证了尼泊尔数百年间的王权更替。2015 年 4 月 25 日，一场 8.1 级的大地震让杜巴广场上三分之二的建筑物倒塌。16 世纪至 19 世纪间，无数尼泊尔君主在这座王宫广场上兴建的宫殿与神庙在眨眼间变成了废墟。

但也有很多损毁，来自人类的破坏。

比如，阿富汗巴米扬山谷石窟中的巴米扬大佛（巴米扬石窟群中有两座大佛），在它们长达1500多年的历史中，甚至连中国晋代高僧法显和唐代高僧玄奘（《西游记》中唐僧的原型）都曾瞻仰过它们的庄严金身。2001年3月，武装组织炸毁了这两尊千年巨佛。

因战争损毁的还有叙利亚古文明遗址。叙利亚文化是世界上最古老的文化之一，不仅在建筑、艺术和科学上格外擅长，还见证了宗教信仰、音乐、写作艺术和古代法律的兴起。但2011年爆发的叙利亚内战，使得这个有着一万多处历史遗迹的古老国度满目疮痍，古迹被摧毁殆尽。

还有我国的圆明园。圆明园经历了清代皇室150余年的兴建，号称“一座圆明园，半部清代史”。圆明园的建造集合了康乾盛世中几乎所有的能工巧匠，塑造了一座座辉煌的宫殿园林，无论是单一建筑的绘画、雕刻的精湛技艺，还是建筑群恢宏博大的协同之美，抑或是宫殿中收藏的无数瑰宝珍奇，在当时的中国乃至全世界都是独一无二的，被誉为“一切造园艺术的典范”。

我们刚才提到的法国作家维克多·雨果，也曾经用无比浪漫和热情的笔调赞美中国的圆明园：“你只管去想象那是一座令人心神往的、如同月宫的城堡一样的建筑，夏宫（指圆明园）就是这样的一座建筑。”“即使把我国所有圣母院的全部宝物加在一起，也不能同这个规模宏大而富丽堂皇的东方博物馆媲美。”

但美丽的圆明园所遭遇的经历无比惨痛。1840年以后，腐朽的清政府渐渐无法支撑自己的统治，以英国、法国为首的西方列强用坚船利炮强行撬开了中国的大门，军队长驱直入，在中国的大地上肆意掠夺，享誉世界的圆明园更无法幸免。1856 ～ 1860 年第二次鸦片战争期间，英法联军洗劫了园中的金银财宝和文化艺术珍品，还在园内各处泼上火油，点燃了这座举世闻名的传奇园林。大火烧了三天三夜，包括圆明园四大书库之一的文渊阁及其藏书在内的无数珍宝在这场大火中被焚烧殆尽。

1900 年，八国联军侵占北京，圆明园再次遭到毁灭式劫掠。侵略者甚至把大火后仅剩的建筑锯断横梁用大绳拉倒，连古树古木都砍伐殆尽，不剩一分一毫。天下第一园林最终变成我们现在在圆明园遗址公园看到的断壁残垣。

读到这里，你有什么样的感受呢？是不是对这些残暴的行为气愤不已，也为被损毁的文物而惋惜和懊恼?

正是因为了解了历史，我们才更加清楚文物的保护有多艰难和可贵。无论天灾还是人祸，每一件文物的损毁都是人类文明的灾难。

保护文明，铭记历史

不同的文物和遗迹诞生于世界各地，来自不同的文明，但它们都代表了先人们天才般的艺术创造力，也共同构成了恢宏的人类文明，是人类历史进步的见证者。

在巴黎圣母院发生大火的第二天，圆明园遗址公园通过官方微博发布《文明不能承受之殇》一文。文中写道：“这一刻的中国人，怎能不想起，背负了一百多年圆明园烧毁的心灵创伤，何其艰难、何其罔然，可惜圣母院，可惜圆明园，文化不应该这样毁灭，更不应该人为践踏。文物的损毁、消失不仅带走了文物本身，更带走了文物所承载的千年文明。”

破坏永远比保护容易。现在我国的很多所大学都开设了历史建筑保护工程、文物修复与保护的学科专业，如果大家有兴趣，可以了解一下这些专门学习历史文物和建筑保护与修复的专业。

不知道你有没有看过《我在故宫修文物》这部纪录片？该片讲述了故宫博物院的专业人员修复稀世珍

奇文物的故事。修复文物可不是坐在工作台前摆弄古物、书籍而已，想真正修复好一件文物，除了要有专业的修复技能外，还要充分了解文物的历史，用最投入、最专注的状态，才有可能呈现出一件文物最美丽的样子。

除了在纪录片中出现的十几位修复人员外，中国乃至全世界还有无数像他们一样默默无闻，却将自己的一生奉献给文物和古建筑修复的人，他们所努力修复和保护的有可能并不是来自自己民族、自己国家的宝物。刚刚提到过2001年阿富汗的巴米扬大佛被炸毁，联合国教科文组织就牵头制定了保护修复工程。14年来，来自日本、意大利、德国、法国等的考古学家、地质学家和历史学家都为复原佛像做出了巨大的努力。

致少年

文物的消逝令人痛心，也给予我们启示，重视文物的安全管理，做好修复和保护，更多地宣传文物的知识和意义等，都是我们当下应该做的。令人欣慰的是，随着时代的发展，越来越多的人意识到了文物保护的重要性和必要性。

THINKING

想一想

你是否有更多建议能更好地保护文物？

- 小象莫莉
- 抵制表演
- 保护动物

THINKTING

拒绝动物
表演，

尊重生命

根据昆明动物园发布的新闻，2022 年 5 月 16 日，一头名叫“莫莉”的小象终于安全抵达。这则新闻一发布，就让无数翘首以盼的网友松了一口气。

你听过“莫莉”这个名字吗？莫莉的身上发生了什么事情，会引起这么多人关注呢？让我们一起来看看小象莫莉的故事吧。

小象莫莉的故事

2016 年 3 月，莫莉在云南昆明动物园出生。和人类不一样，大象的妊娠期，也就是从怀孕到生产的时间需要 22 个月。莫莉的母亲莫坡当时已经 36 岁，在大象界是不折不扣的“高龄产妇”，风险很高。在产期临近时，工作人员 24 小时轮流陪产，莫坡最终顺利诞下了可爱的小象莫莉。

因为莫莉诞生不易，昆明动物园还专门为它策划了一场生日派对，中央电视台都对它的生日进行了报道。甚至连“莫莉”这个名字也是昆明动物园通过社会公开征集的方法，从人们投稿的几百个名字里精心挑选的。

一周岁的时候，动物园还为莫莉准备了一个由它爱吃的象草、苹果、甘蔗、西瓜组成的 1.5 米高的巨型“蛋糕”，工作人员和围观的人亲切地为它唱生日歌，叫它“小公主”。

但好景不长，为了调整固定地域中的亚洲象血缘，避免过多的近亲繁殖，莫莉两岁的时候和河南沁阳天鹅湖生态园中一头名叫“九班”的雄象进行了交换，从此离开了象妈妈和昆明动物园。懵懵懂懂地被工作人员带上远行卡车的小莫莉还没有意识到，它的

命运从此发生了天翻地覆的改变。

莫莉重新出现在人们视野中时，已不再是那个会围着妈妈转圈的纯真模样了，它戴上了沉重的脚链，吃力地用自己长长的鼻子卷住画笔或口琴表演，还在工作人员的强迫下做出倒立、转呼啦圈等高难度的动作。视频中，连胎毛都没有完全褪尽的小象莫莉面对工作人员的呼喝和人们的围观，显得手足无措，工作人员晃动手中的“象钩”时，莫莉眼里的惶恐更是清晰可见。

人们看到这些视频的时候都震惊了，短短两年时间，为什么当初的“小公主”变成了如此憔悴的样子？小象的改变如此之大，让人们甚至都认不出这是原来那个天真可爱、在象妈妈身边嬉戏玩耍的小莫莉了，直到向昆明动物园求证，才确认了它的身份。

如果继续让莫莉这样“营业”下去，对它的伤害是无法估计的。网友们纷纷请求昆明动物园将莫莉接回去，但昆明动物园表示，按照当时交换的规则，交换出去的大象只能由对方安排，他们无法干涉。于是，一场长达一年的“拯救小象莫莉”的行动在全网展开。

这场营救行动由众多网友、社会公益组织发起，集合了国家林业和草原局、云南省和河南省野生动物保护等多部门共同开展。拯救小象莫莉的话题频繁冲上社交媒体的热搜，也有很多明星转发，获得了全国的关注。

最终，河南省林业局宣布，为回应公众关切，并给莫莉提供更好的生活和成长条件，将它送回了昆明动物园。

世界上还有多少“莫莉”

小象莫莉在大家的努力下最终回到了妈妈身边。但它还会不会受到类似的虐待？大象是有着优秀记忆能力的动物，莫莉是否仍然会记起被训练、被殴打的过往？莫莉今后的命运我们无法预知。莫莉因为出生时受到了大量关注，它的经历才进入我们的视野，才会有全网的救援行动。而在那些我们看不到的地方，还有多少像小莫莉一样被迫进行表演的动物？

不知道你有没有见过动物表演？你有没有思考过这些动物模仿人类进行表演的能力是从哪里获得的？我们都知道，动物本来应该自由地生存在大自然里，把它们接到动物园，本来是为了保护那些在自然环境中面临灭绝危险的濒危物种，也让更多的人认识这些与人类截然不同的、奇妙的生物。

延伸阅读

野外大象的生存现状

大象属于濒危物种，其中非洲草原象和亚洲象同属于濒危级，非洲森林象则属于极度濒危。与大熊猫相比，非洲森林象的濒危级别要比大熊猫高两级，换言之，非洲森林象灭绝的风险极高。影响大象生存的原因有两个，一是人类的象牙贸易；二是栖息地的急剧减少。

因为象牙的原因，大象曾经遭到大规模捕杀。大象是典型的草食动物，它们对栖息地的要求比较高。由于体型大，大象每天的食草量、生存所需的活动面积也大。如今人类发展迅速，草地面积以及适合大象群居的栖息地急剧减小，尤其在亚洲，满足亚洲象生存条件的栖息地少之又少。

有些动物园现在已经变了味。为了吸引更多的游客、赚到更多的门票钱，很多动物园推出了“动物表演”。例如：“百兽之王”的老虎变成了驯养员鞭子下的乖巧玩具，排着队一个一个跳火圈，被火焰烫伤却连声都不敢出；体形巨大的棕熊被迫走上纤细的钢丝绳，在空中晃晃悠悠，摇摇欲坠，如果不小心摔下来，还要遭受驯养员的惩罚；灵巧聪明的海豚、小白鲸，被迫与爸爸妈妈分离，被抹上了口红，在乖乖接受游客抚摸的时候，还要面临伤口感染病菌的风险。

动物表演的背后是什么？让一个生存了数万年的物种在短短几年间彻底改变习性，学会人类的动作，放弃自己的本能，要付出什么样的代价？它们的熟练表演，并不代表它们有多聪明、多活泼，而恰恰可能意味着它们受到的训练有多残酷、受到的殴打有多频繁。

我们在《动物世界》这样的节目中见过野生大象，它们有时慢悠悠地行走在旷野中，有时会奔跑起来，它们强大却又温和，爱护自己的同伴，象群中如果有大象死亡，其他大象会停留在它身边，悲伤很久才会离开。

一些被迫进行表演的大象，它们庞大的身躯被关进狭窄得无法转身的笼子里。为了驯服力量巨大、皮肤厚硬的大象，人类还特地发明了“象钩”，如果大

象不按照驯养员的命令行动，驯养员就会用 10 多厘米长的矛头刺穿大象的皮肤，深深扎进它的身体。而为大象特制的沉重脚链，在训练的过程中会将大象的脚腕磨得处处都是伤痕。

那训练的内容是什么呢？最常见的是倒立。我们都知道，人在倒立时，血液会冲进大脑，双臂要支撑整个身体的重量。如果没有经过专业训练，会很危险，也会很难受。

对于体重巨大的大象来说更是如此。大自然让大象进化出了四肢行走的习性，就是因为双脚没有办法支撑它们身体的重量。即使倒立成功，对它们双脚的损害也会非常大，更不用说万一摔倒带来的风险。一旦出现意外，它们轻则骨折，重则死亡。

还有它们本应用于采摘新鲜的树叶、果实，吸入清澈河水的长鼻子，在驯养员无数次鞭打和饥饿的威胁下，学会了卷起人类用的画笔和口琴。更讽刺的是，在经历了这样的虐待之后，驯养员还会要求大象画出和妈妈一起在草原上自由漫步的画面。

在年复一年的虐待囚禁中，各种各样灵动可爱的动物变成了人类赚钱的工具，也由此诞生了无数悲剧。有不堪虐待饿死、病死的，有被逼到绝境后伤人的，也有在痛苦中选择自残的。在墨西哥一家海洋馆里，自小被抓捕的海豚因为忍受不了虐待，不止一次在表演中用柔软的头部拼命撞击墙壁。

拯救莫莉，我们能做什么

我们听了无数动物的悲剧，那么，我们能为这些被迫进行表演的动物做什么呢？

世界上有无数被圈养训练的动物，我们可以通过全网呼吁的方式送一头莫莉回家，可其他的动物怎么办呢？其实，几乎所有国家都有保护动物的相关法律，但在金钱的诱惑下，动物表演却屡禁不绝。

不断呼吁当然是有作用的，让更多的人了解动物表演背后的残酷事实，动物表演自然会有一定程度的减少。上海长风海洋世界中著名的“白鲸剧场”就在2019年送走曾经圈养15年的白鲸姐妹花，并宣布彻底关停。这几年，陆陆续续也有一些动物园取消了动物表演，只允许游客远距离观赏动物，并尽可能还原动物原本的自然生存环境。

但这还不够，有没有一种办法能从根本上消除动物表演呢？理论上说是有的。我们经常会听到一句话，“没有买卖，就没有杀害”。虽然这是针对动物偷猎而言的，但也适用于动物表演。这些动物园推出动物表演，根本原因就是游客愿意为此付钱。如果人人都能做到抵制动物表演，拒绝观看动物表演，自然也就不会再强迫动物、虐待动物让它们来表演了。

要做到这一点很难，需要每个人自觉参与。有时候，我们可能会想，别人都看，我一个人不看也不能起到什么作用，还不如跟他们一起买票观看表演。

不要忘记，你的每一次一时好奇，你付出的门票钱都会成为某些人加大抓捕力度、虐待力度的动力。而如果你坚持抵制每一场动物表演，就能够降低动物表演的收入，虽然不多，但十年二十年积累下来，你的坚持一定能够看到成效。

致少年

人类常常自称为地球上最高级别的物种，并说自己建立了地球有史以来最为发达的文明。但文明究竟是什么？是只有人类自己享乐吗？对其他生物负责，而不是剥夺它们的天性，让这些本来应该与人类和平共处的生物成为自己赚钱、享乐的工具。这才是我们应该做的事。

当然，每个人都有求知欲，都会好奇其他生物的生活方式，但是完全可以通过无害的方式来满足自己的好奇心，比如通过纪录片、图书，或者远距离无接触、不打扰地观赏，而不是强迫它们表演。那些被人类用虐待的方式训练出来的动作，根本不是它们本真的样子。

消除动物表演，需要我们每个人的努力！

THINKING

想一想

保护动物、减少动物表演，我们还可以怎么做？

- 刻板印象
- 网络暴力
- 社会责任

THINKTING

怎样让社会
多一些温情，

少一些
指责？

你乘坐过公交车吗？你在乘坐公交车的时候有没有观察过司机的驾驶室是什么样的呢？

如今，在很多城市的公交车上，都有透明的挡板或者门把驾驶室围成一个独立的空间。但是你知道吗，这种变化是近几年才有的，以前的驾驶员旁边是没有任何遮挡的。大家可以思考一下：这些挡板有什么作用呢？

如今公交车的这一变化与一起事件有直接的关系。

时间回溯到2018年10月28日上午10点，在重庆市万州区万州长江二桥上，各种车辆在有序行驶。

10点08分，一辆公交车突然偏离车道，冲过中心线，进入对面车道，而对面车道上有一辆红色的小轿车在正常行驶，公交车“砰”的一声跟迎面而来的小轿车撞在了一起。小轿车车头被撞碎，车身被撞得转了一个180度的大弯，停在了桥面上，而公交车却继续向桥边快速行驶，最终冲破桥的护栏，一头栽进桥下的滚滚长江之中。

经过4天的搜救打捞，警方终于把坠入长江的公交车打捞出来，车上的15人无一生还。通过对车内监控视频的调取，警方发现，原来在公交车坠江前5分钟的时间里，一名乘客跟司机发生了争执。这名乘客因为坐过了站，要求司机在桥上停车，他要在桥上下车，但是根据规定，公交车是不能在桥上停车的。遭到司机的拒绝后，这名乘客情绪激动，开始甚至殴打司机。司机遭到干扰，驾驶分心，最终造成车辆失控，冲破桥栏坠入长江。

“血的教训”让社会反省

这样一起惨烈悲剧的发生，让许多人倍感痛心，大家一定不愿意看到15条生命就这么白白死去。

你觉得，我们可以做哪些事情来避免类似悲剧再次发生呢？

首先，我们可能会想到，如果乘客不闹事，就可以避免惨剧的发生。所以，对乘客进行必要的法律约束，提升民众的安全意识和规则意识是十分重要的。

事发后两个月，相关部门就出台了整改意见，要求加大对于这种行为的违法惩处力度，对袭击或殴打驾驶员从而干扰驾驶的犯罪行为要明确适用刑法的具体规定，严格侦办查处。而每一位公民也应该意识到，个人行为会对其他人造成影响，因此每个人都应遵守基本的社会道德和法律法规。

除此之外，如果当时车上的乘客看到有人干扰驾驶员驾驶，挺身而出上前阻拦，悲剧也可能避免。所以，政府同时要求社会完善奖励机制，鼓励乘客劝导和举报干扰公交车正常行驶的违法行为，对见义勇为的先进个人予以大力表彰和宣传报道。

做到以上两点还不够，要知道，人的因素往往不可控，因此从硬件设施方面着手也是非常必要的。所以，相关部门在事后开始加强公交车驾驶区域的安全防护隔离设施，设置了统一的安装标准，对于已经上路的公交车要求全部加装、限期整改，对于新出厂的

公交车则全部要求按照新标准安装。

总之，在重庆公交车坠江事件发生后，各地相继出台政策，进一步保证公交驾乘人员安全。在吸取这样的教训后，我们社会的法制也在一步步地完善。

然然而，这起事件留给我们的教训不止于此。

无形的网络暴力

在这起事故中，受害的除了公交车上的 15 名人员，还有和公交车迎面相撞的小汽车的车主。但是大家知道吗？这位小汽车车主曾一度被认为是肇事者，也就是引发事故的人。这又是怎么回事儿呢？

原来，在事故发生后当天中午，警方还没有发出正式通报时，就有一家媒体发布简讯，表明事故原因为“女车主驾车逆行导致”。随后，很多有影响力的媒体也发布了类似报道，把责任归到小汽车女司机头上。

消息一出，伴随着大众对“女司机”的偏见，立刻引起了轩然大波。“你知不知道你一个人害死了一车人！”对小汽车女司机的讽刺、辱骂像洪水一般在网络上泛滥，有人甚至给这位女车主扣上了“杀人凶手”的帽子。这还不算完，很多网友还对女车主的家人进行“人肉搜索”和言语攻击。

直到事发当日下午，重庆市万州区公安分局在其官方微博发布一则通告：“经初步事故现场调查，系公交客车在行驶中突然越过中心实线，撞击对向正常行驶的小汽车后冲上路沿，撞断护栏，坠入江中。”原来，小汽车车主根本不是肇事者，也是受害者！终于，女司机莫须有的责任被洗清。但是大家想一想，

如果你平时被人冤枉、被人无故指责，是不是也会觉得特别委屈呢？要知道，这些无端谩骂和指责对女司机造成的心理伤害是很难修复的。

警方通告发出来后，舆论的走向很快发生了转变，对女司机的责骂声渐渐消失，人们的矛头转向了媒体。一时间，对媒体的指责连带着对女司机的歉意，瞬间又传遍了整个网络。

31 日晚，坠入长江的公交车被打捞出来，通过车内监控视频的调取，事件更深层的真相浮出水面。人们这才知道，是因为一名坐过站的乘客要求下车，并对司机造成干扰，才导致车辆失控，最终坠桥。这一消息一经公布，舆论立即又把矛头指向这名要求下车的乘客。大家责怪他太自私，为了图一己方便，不顾一车人的安全。一时间，对这名乘客的指责和辱骂又如汹涌的洪水充斥网络，一如当初指责、辱骂女司机一样。

随着公交车内监控视频的细节不断披露，细心人又有了新的发现：在一名乘客不断对司机进行辱骂和殴打的过程中，同车的另外13名乘客竟然没有一人出来劝解或者制止。随之，舆论的走向又发生了变化，人们又开始指责另外13名乘客："谁让你们'事不关己'！"

最后，几乎所有和案件相关的人都被指责、谩骂了一遍。这也是信息网络化时代经常会看到的情况：一则新闻发出来，很多不知情的人会因为从众心理，跟风评论甚至指责、谩骂。没过多久，新闻又会出现戏剧性的"反转"，当事人和"正义"的网友也常常会被"打脸"。

要知道，"善良"的对立面不是"恶"，而是"无知"。很多情况下，作为信息受众的我们不了解事情的全貌，就不应擅自发表言论。

比如曾有网友发布了一段内容为"医生在救护车

里吃香蕉，病人在急救床上生死未卜”的视频，引起了很多网友的质疑：“医生们的胃口真好啊，里面躺着的病人还生死未卜，就不能下车再吃？”“急救车上吃东西，还救不救人了？”。但真实情况是，当天医生们为了抢救病人，往返420公里，高强度工作7小时，早已饥肠辘辘。为了不影响后续治疗，他们在给病人做过治疗处理后迅速吃了根香蕉补充体力。类似的事情还有很多。因此，我们在仅看到事件的一部分信息后就妄加评论是非常不明智的。

有一些网上的“键盘侠”自以为是正义的化身，占据了道德制高点，捕风捉影，自以为是，攻击他人。而结果呢？正如大家看到的那样，一味地指责和谩骂最终引发了一场又一场无形的灾难——网络暴力。

当事故发生时，我们不需要谩骂和指责，需要的是真正的反思。比如，如何提高民众的安全乘车意识？如何保护驾驶员的安全？……多做这类思考才是真正有价值的。

另外，我们也可以思考一下，引发这场网络暴力的原因还有什么？新闻媒体的失实报道？是媒体在警方还没有调查清楚事故真相的时候就对事故原因妄加猜测？这是非常不专业且不负责任的。

其次，作为普通民众，我们也有需要反思的地方。比如，在没有了解完整情况的时候不要妄加评论、盲目跟风，更不能在网上对别人横加指责、破口大骂。再比如，不要让“刻板印象”左右我们的判断。什么是刻板印象呢？比如，你看到一个长相比较凶的人觉得他肯定是个坏人，看到一个女孩子觉得她肯定力气很小，而事实并不一定是这样的。在这起事件中，大家获知对面小轿车的司机是位女性时，就想当然地认为她的驾车水平不行。而实际上，这位小轿车车主已有 6 年驾龄，她开车一向非常谨慎，而且在桥上的整个行车过程中都属于正常行驶。媒体和网友却仅凭一些现场的照片就认为她是违规操作，并且是逆行，这就是“刻板印象”带来的后果。

致少年

这起公交车坠江事故已经成为过去。令人欣慰的是，我们从坠江事故中获取的一些经验教训已转化为现实社会中看得见的改变，推动着社会的前进。

更重要的是，我们要借此机会认识到避免盲目跟风，养成独立思考能力的重要性。希望每一位同学日后都能更理智地看待公共新闻事件。

THINKING

想一想

你会在网上就新闻事件进行评论留言吗？如果会，你觉得评论的时候要注意哪些问题？